Amman
108 ajatusta
uskosta

Amman 108 ajatusta uskosta

Kustantaja:
   Mata Amritanandamayi Center
   P.O. Box 613, San Ramon, CA 94583
   Yhdysvallat

――――― 108 Quotes on Faith (Finnish) ―――――

Tekijänoikeus 2015 © Amrita Books, Amritapuri, Kerala, 690546, India.
Kaikki oikeudet pidätetään. Osaakaan tästä painotuotteesta ei saa tallentaa millään tunnetulla tai myöhemmin keksittävällä menetelmällä, tuottaa uudelleen, siirtää toiselle välineelle, kääntää toiselle kielelle tai julkaista missään muodossa ilman julkaisijan kirjallista lupaa.

Ensimmäinen painos MA Centerin: huhtikuu 2016

Saatavissa myös: www.amma.fi

Intiassa: www.amritapuri.org
         inform@amritapuri.org

1

Maailmankaikkeuden voima on sisälläsi, mutta tieto tästä ei ole ehkä vielä juurtunut sinuun. Tämän korkeimman totuuden voi saavuttaa ainoastaan uskon ja meditaation kautta.

2

Henkisyydellä ei ole mitään tekemistä sokean uskon kanssa; se on tietoisuuden periaate, joka karkottaa pimeyden. Monet henkiset mestarit ovat tehneet perusteellista tutkimustyötä, jopa enemmän kuin jotkut nykyajan tiedemiehet. Kun tiede ilmastoi ulkoista maailmaamme, henkisyys tekee saman sisäisesti.

3

Usein unohdamme, että syvä usko ja viaton rakkaus voivat helposti liikkua tasoilla, joilla äly ja logiikka pettävät. Voimme nähdä kuinka viattomuuden voima on ollut viemässä eteenpäin monien kuuluisien tiedemiesten uraauurtavia löytöjä. Oletko huomannut kuinka lapsi katselee kaikkea silmät ihmetyksestä suurina? Samalla tavalla oikea tiedemies katselee myös tätä maailmankaikkeutta ihmetellen. Tämä auttaa häntä sen syvimpien salaisuuksien tutkimisessa.

4

Usko on kaiken perusta. Eivät rituaalit ja seremoniat, vaan ihmisten usko ja antaumus täyttävät temppelit henkisellä energialla. Jos sinulla on tarpeeksi uskoa, mikä tahansa vesi voi tulla yhtä pyhäksi kuin Ganges-joki, mutta ilman uskoa Gangesin vesi ei ole muuta kuin tavallista vettä.

5

Yritämme usein mitata ja arvioida elämää ainoastaan älyllisin perustein ja logiikan avulla, mutta näin suhtautumalla emme voi saavuttaa tiedon ja kokemuksen syvyyksiä. Meidän tulisi opetella lähestymään elämän kokemuksia rakkauden ja uskon kautta. Silloin elämä paljastaa kaikki salaisuutensa meille.

6

Usko karman (teot ja niiden seuraukset) teoriaan ja tulet näkemään Jumalan näkymättömät kädet kaikkialla. Jumalan kätketty voima on kaiken olevaisen taustalla.

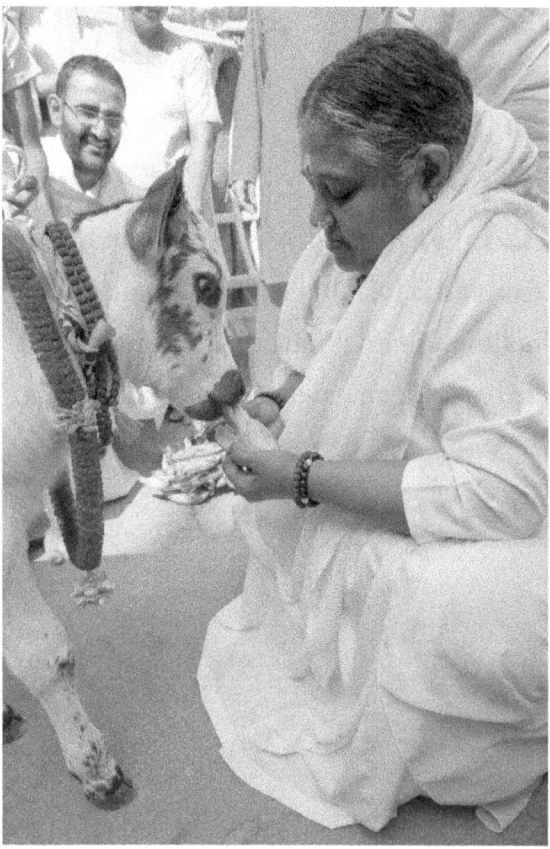

7

Kun kaikki tieto on käytettävissä, usko ei ole tarpeen. On tosiasia, että maapallo, kasvit, puut, joet ja vuoret ovat olemassa. Ei tarvita uskoa tietääkseen niiden olevan olemassa. Uskoa tarvitaan kun järkiperäinen ajattelu pettää. Koska Jumala on näkymätön, sinun tulee turvautua yksinomaan uskoon luottaaksesi Jumalan olemassaoloon.

8

Aivan kuten luotat meille tuntemattomista asioista puhuvien tiedemiesten sanoihin, luota totuudesta puhuvien suurten mestareiden sanoihin; he elävät totuudessa.

9

Pyhät kirjoitukset ja suuret mestarit muistuttavat meitä, että Itse, tai Jumala, on todellinen luontomme. Jumala ei ole kaukana meistä. Se on mitä todellisuudessa olemme, mutta tarvitsemme uskoa omaksuaksemme tämän totuuden.

10

Jumala ei ole rajoittunut temppeliin tai johonkin tiettyyn paikkaan. Jumaluus on kaikkialla läsnä oleva, kaikkivoipa ja voi ottaa minkä muodon tahansa. Pyri näkemään rakas jumaluutesi kaikessa.

11

Jumala ei ole rajallinen henkilö, joka istuu yksin ylhäällä pilvissä kultaisella valtaistuimella. Jumala on puhdas tietoisuus, joka elää kaikessa. Ymmärrä tämä totuus, opettele hyväksymään kaikki ja rakastamaan kaikkia tasavertaisesti.

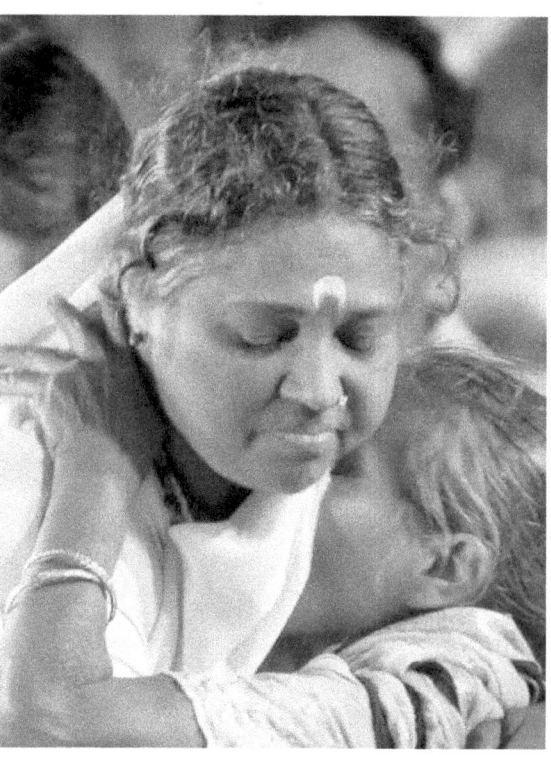

12

Henkisyyden perustana ei ole sokea usko. Se on vilpitön sisäinen tutkiskelu; se on intensiivinen tutkimusmatka omaan Itseen. Usko korkeampaan voimaan auttaa meitä hallitsemaan mieltämme ja ajatuksiamme. Vaikka prosessi voi olla hidas ja asteittainen, ponnistele eteenpäin kärsivällisesti, luottavaisesti ja innolla.

13

Kyseenalaistaminen opitaan, kun taas usko on luontaisena sisällämme. Epäilys on pahin vihollisesi. Usko on paras ystäväsi. Kutsu se esiin ja opi uskomaan. Lopputulos tulee siten olemaan myönteinen.

14

Kauneus perustuu uskoon ja usko löytyy sydämestä. Äly tai järkeily on tarpeellista, mutta meidän ei pidä antaa sen niellä uskoamme. Meidän ei pidä antaa älyn syödä sydäntämme.

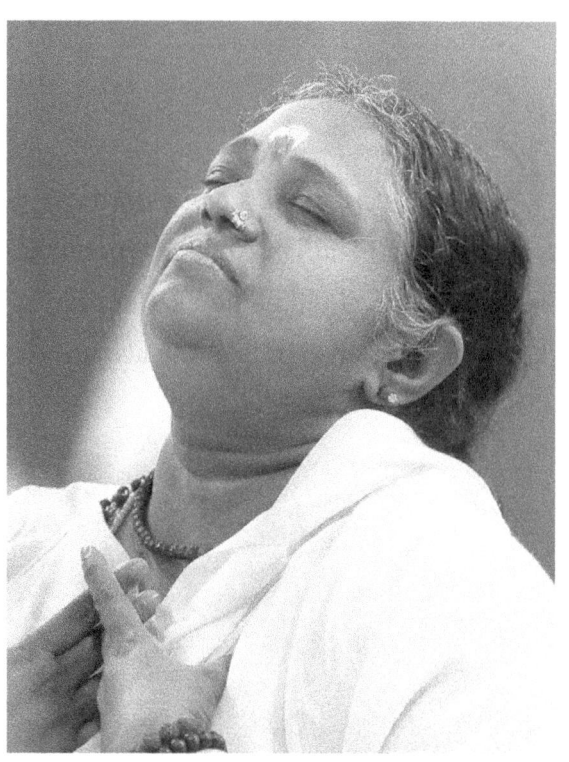

15

Tarvitsemme uskoa Korkeimpaan voimaan, joka hallitsee koko maailmankaikkeutta, joka on mielen ja aistien tuolla puolen ja joka ohjaa jopa älyä. Meidän tulisi tiedustella, mikä on tämän sisällämme olevan voiman lähde. Usko kosmiseen voimaan yhdessä tämän korkeimman voiman tuntemiseen tähtäävän meditaation kanssa auttaa meitä saamaan tietoa Itsestämme, ykseydestä, rauhasta ja tyyneydestä.

16

Jos haluat kärsimyksesi loppuvan, rukoile, että mielihalusi tuhotaan. Rukoile myös, että uskosi ja rakkautesi Jumalaa kohtaan kasvavat. Jos pystyt tähän, Jumala toteuttaa kaikki tarpeesi.

17

Jumala on aina kanssasi ja näyttäytyy varmasti, kun kutsut häntä syvästi kaivaten. Jumala itse huolehtii niiden kaikista tarpeista, joilla on vilpitön asenne: "Ei ole ketään muuta, joka voi pelastaa minut, sinä olet ainoa turvani."

18

Jotkut sanovat: "Jumala on vain uskomus", mutta todellisuudessa jumaluus on kuitenkin meidän jokaisen sydämessä. Jumalalla ei ole muita käsiä, jalkoja, silmiä tai kehoa kuin meidän omamme. Meidän jokaisen sisällä oleva kosminen voima on Jumala.

19

Sillä ei ole oikeastaan merkitystä oletko uskova, ateisti vai skeptikko. Voit olla uskomatta ja silti elää onnellisen ja menestyksekkään elämän, kunhan luotat Itseesi ja palvelet yhteiskuntaa.

20

Aito usko on uskoa omaan Itseen. Vaikka uskoisimmekin ulkoiseen Jumalaan, tosiasiassa Jumala on sisällämme – se on oma todellinen Itsemme.

21

Usko omaan Itseesi. Yritä ymmärtää kuka olet, kuka on todellinen Itse. Se riittää. Jos et luota Itseesi, on vaikeaa edetä vaikka uskoisitkin Jumalaan.

22

Usko ja Itseluottamus ovat toisistaan riippuvaisia. Usko Jumalaan vahvistaa uskoa Itseen, luottamusta omaan todelliseen Itseen. Tämä on aitoa Itseluottamusta. Jos sitä ei ole, et voi menestyä elämässä.

23

Muista aina illan saapuessa, että se kantaa jo aamunkoittoa kohdussaan. Pimeys ei voi viipyä pitkään. Omalla ajallaan aamu varmasti koittaa ja valaisee. Optimismi on Jumalan valoa. Se on armon muoto, joka sallii sinun katsoa elämää suuremmalla selkeydellä.

24

Aurinko ei tarvitse kynttilän valoa; Jumala ei tahdo meiltä mitään. Meidän on tarkoitus käyttää Jumalan valoa poistamaan pimeys maailmasta; tämä on jumalainen perusoletus.

25

Itseluottamus antaa meille henkistä tasapainoa, rohkeutta ja mielen hallintaa. Se auttaa meitä kohtaamaan elämän ongelmat rohkeudella. Jotkut ongelmat ovat välttämättömiä ja väistämättömiä. Uskomalla itseesi pystyt kohtaamaan ja voittamaan ne.

26

Naisten ei tulisi ikinä uskoa olevansa alempiarvoisempia kuin miehet. Naiset ovat synnyttäneet joka ikisen miehen tähän maailmaan. Ole ylpeä tästä ainutlaatuisesta siunauksesta ja kulje eteenpäin luottaen luontaiseen voimaasi.

27

Emme ole kynttilöitä, jotka jonkun toisen pitää sytyttää. Olemme itse itsensä valaisevia aurinkoja. Olemme tuon perimmäisen tietoisuuden ilmentymiä ja meidän on herättävä tähän totuuteen. Olemme rakkaus.

28

Kun ihmiset kadottavat uskonsa Jumalaan, yhteiskunnassa ei ole rauhaa tai sopusointua. Ihmiset elävät ja käyttäytyvät kuten tahtovat. Ilman uskoa, moraali ja etiikka katoavat maan päältä ja ihmiset kokevat houkutusta elää kuten eläimet. Uskon, rakkauden, kärsivällisyyden ja anteeksiannon puuttuminen tekisivät elämästä helvetillisen.

29

Meillä on kyky tulla sellaiseksi kuin itse kukin valitsemme. Voimme valita olevamme hyveellinen sielu, joka ajatuksillaan ja teoillaan haluaa ainoastaan hyvää muille. Toisaalta voimme myös valita olevamme pahuuden ruumiillistuma. Valinnanvapaus on tämän ihmissyntymän suurin siunaus, mutta voidaksemme kokea tämän siunauksen kaikkine mahdollisuuksineen, meidän tulisi omata lapsen viattomuus ja usko.

30

Mitä tahansa uskontoa seuraamalla voimme päästä lopulliseen päämäärään; oman todellisen luontomme oivaltamiseen, jos vain ymmärrämme henkiset periaatteet.

31

On hyvin tärkeää että kunnioitamme kaikkiin uskontoihin kuuluvien ihmisten uskoa ja tunteita. Usko sisäisen Itsen valtavaan voimaan tuo ihmisten välille sekä luonnon ja ihmiskunnan välille todellista ykseyttä.

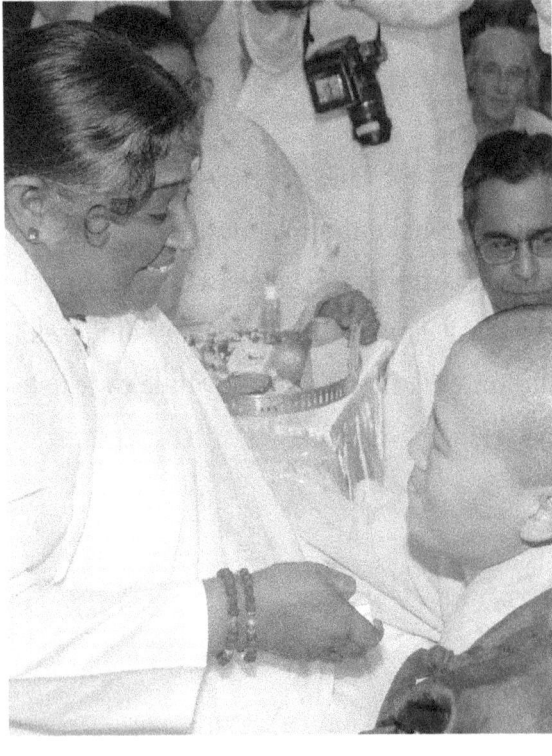

32

Uskonnon todellinen merkitys on uskoa korkeimman voiman olemassaoloon ja elää henkisten arvojen mukaisesti.

33

Luojan ja luomakunnan välillä ei ole eroa kuten meren ja sen aaltojen välillä ei ole eroa. Sama tietoisuus on kaikkialla. Lapsiimme tulisi juurruttaa uskoa sekä rakkautta koko luomakuntaa kohtaan. Tämä on mahdollista asianmukaisen henkisen kasvatuksen kautta.

34

Useiden eri uskontojen ja vakaumusten olemassaolo ei ole haitallista, mutta haitallista on ajatella, että yksi uskonto olisi korkeampi- ja toinen alempiarvoisempi. Lapset, älkää nähkö eroja. Nähkää kaikkien uskontojen sisältämä ykseys ja niiden opettamat ylevät ihanteet.

35

Rakkaus ja myötätunto ovat kaikkien todellisten uskontojen perusta. Nämä jumalalliset ominaisuudet muodostavat kaikkien uskontojen perusolemuksen.

36

Rakkaus ja usko ovat elämän kulmakivet. Ainoastaan silloin, kun autamme toisia oikeanlaisen rakkauden ja uskon ymmärryksen kautta, tulemme itse olemaan onnellisia ja rauhallisia.

37

Raudoituksia käytetään rakennustyössä vahvistamaan betonirakenteita. Ilman niitä rakennukset romahtaisivat. Uskoa Jumalaan voi verrata näihin betoniteräksiin. Usko vahvistaa heikkoja mieliämme. Kun meillä on uskoa, emme itke maailman harhojen perään emmekä menetä järkeämme niiden tähden.

38

Äly on kuin sakset. Se leikkaa ja torjuu kaiken eikä hyväksy mitään. Sydän taas on kuin neula; se liittää kaiken yhteen ja tekee näennäisesti erilaisista asioista yhtä. Jos sukellamme tarpeeksi syvälle itseemme, löydämme yhden universaalin rakkauden langan, joka solmii kaikki olennot yhteen. Tässä maailmankaikkeudessa rakkaus on se, joka yhdistää kaiken.

39

Jos sinulla on aitoa uskoa, laskeudut automaattisesti sydämen tasolle, mikä on itse asiassa kohoamista ja korkealla liitämistä.

40

Usko ja rakkaus eivät ole kaksi erillistä asiaa. Ne ovat toisistaan riippuvaisia. Ilman uskoa ja luottamusta emme voi rakastaa ketään ja päinvastoin. Jos meillä on täydellistä uskoa ja rakkautta jotakuta kohtaan, pelkkä ajatuskin tästä henkilöstä tuottaa meille erityistä iloa. Saammeko mitään iloa, jos emme usko häneen ja pidämme häntä varkaana? Rakastaja avaa sydämensä rakkaalleen koska hän luottaa tähän. Tämä luottamus on rakkauden perusta. Rakkaus syntyy uskosta.

41

Kaikki elämä lepää uskon varassa. Jokaista eteenpäin vievää askelta varten tarvitsemme uskoa. Usko luo virran, joka läpäisee koko maailmankaikkeuden.

42

Rakkaus on universaali parannuskeino. Kun elämästä löytyy vastavuoroista rakkautta, huomiota ja ymmärrystä, ja kun luotamme toisiimme, ongelmamme ja huolemme vähenevät.

43

Keskity rakkauteen, vastavuoroiseen luottamukseen ja uskoon. Kun rakastat ja luotat, seuraa sitä siitä automaattisesti valppaus kaikessa toiminnassasi.

44

Aito kuunteleminen on mahdollista kun olet tyhjä sisältä. Jos asenteesi on, 'Olen aloittelija; olen tietämätön', pystyt kuuntelemaan uskolla ja rakkaudella.

45

Meidän tulee uskoa, että Jumala on aina kanssamme. Tämä tietoisuus antaa meille sen energian ja innokkuuden, jonka tarvitsemme ylittääksemme minkä tahansa elämän esteen. Tällaisen optimistisen asenteen ei tulisi koskaan jättää meitä.

46

Lapset, jotkut sanovat, että on olemassa onnetonta elämää eläviä uskovaisia. Kuitenkin todelliset uskovat, aidolla uskolla siunatut, ovat onnellisia ja tyytyväisiä kaikissa tilanteissa. Aidon oppilaan tunnistaa siitä, että hänellä on aina hyväksynnän hymy kasvoillaan.

47

Ilman uskoa olemme täynnä pelkoa. Pelko rampauttaa kehon ja mielen, halvaannuttaen meidät, kun taas usko avaa sydämemme ja johtaa meidät rakkauteen.

48

Kun ymmärrät elämän väliaikaisen luonteen sekä oivallat egon avuttomuuden, usko henkisyyteen saa alkunsa. Gurun armon valo auttaa meitä näkemään ja poistamaan esteet polultamme.

49

Lapset, sen muistaminen, että voimme kuolla minä hetkenä hyvänsä, auttaa meitä uskomaan aidosti ja kulkemaan kohti Jumalaa. Emmekö tunnekin valon mahtavuuden, koska on olemassa pimeyttä?

50

Miksi laittaisit uskosi mielen varaan? Mieli on kuin oksalta oksalle ja ajatuksesta toiseen hyppivä apina. Se jatkaa hyppimistä viimeiseen hetkeensä saakka. Laita uskosi sen sijasta Mestarin varaan ja tulet varmasti löytämään rauhan.

51

Jumalalle tai suurelle pyhimykselle ei ole merkitystä uskovatko ihmiset heihin vai eivät. He eivät tarvitse uskoamme tai apuamme. Me olemme niitä, jotka tarvitsevat heidän armoaan. Armo voi virrata luoksemme ainoastaan uskon kautta.

52

Mestarin ainoa tarkoitusperä on innoittaa oppilaitaan, iskostaen heihin sitä uskoa ja rakkautta, jota he tarvitsevat saavuttaakseen päämäärän. Mestarin ensimmäinen ja tärkein tehtävä on luoda rakkauden palo Jumalaa kohtaan.

53

Amma ei sano, että sinun tulee uskoa häneen tai Jumalaan. On tarpeeksi jos uskot itseesi. Kaikki on sisälläsi.

54

Kun hyväksyt Mahatman (pyhimyksen) guruksesi, pyri uskomaan viattomasti ja antautumaan lapsen lailla. Saat kaiken tarvitsemasi satgurulta (todelliselta opettajalta). Ei ole mitään tarvetta jatkaa etsimistä.

55

Usko ei ole älyllinen prosessi. Mestaria ei voi ymmärtää mielen tai älyn kautta. Usko on ainoa keino.

56

Gurun totteleminen on todella tärkeää. Guru on kaiken läpäisevä Parabrahman (perimmäinen Itse) ihmisen muodossa, sinun todellinen Itsesi ja kaiken luomakunnan pohjana oleva perusolemus. Guruun luottaminen vastaa omaan Itseesi luottamista.

57

Lapset, kaikki henkisyys voidaan tiivistää yhteen sanaan ja tuo sana on shraddha. Shraddha on se ehdoton luottamus, joka oppilaalla on mestarin sanoihin ja pyhiin kirjoituksiin.

58

Jos luotat guruun ja tottelet häntä, sekä omaat tietoa henkisistä periaatteista, vasanat (pitkäaikaiset taipumukset) tuhoutuvat nopeasti.

59

On olemassa lukemattomia esimerkkejä ihmisistä, jotka uskollisesti toistivat mantraa ja tekivät henkisiä harjoituksia Amman neuvojen mukaisesti. He saivat tästä helpotusta tuskaan, jota kokivat elämässään sekä välttyivät horoskoopeissaan ennustetulta epäonnelta.

60

Vaikka potilaalla olisi paras mahdollinen lääkäri, hoito ei ehkä tehoa jollei potilas luota häneen. Samoin meidän tulee luottaa henkiseen mestariimme. Juuri tämän uskon kautta parannumme.

61

Ei riitä, että luotamme lääkäriin. Meidän tulee ottaa myös lääkettä parantuaksemme. Samoin et tule edistymään henkisesti jos yksinkertaisesti vain istut ja sanot, 'Usko pelastaa minut', tekemättä mitään. Eteneminen vaatii sekä uskoa että yritystä.

62

Guru on luonasi näyttääkseen tien minkä tahansa kamppailun tai kriisin läpi, mutta älä istu joutilaana vain, koska guru ohjaa sinua. Yritys ja pitkäjänteisyys ovat välttämättömiä omalta osaltasi.

63

Sekä uskoa että yritystä tarvitaan. Kylvämäsi siemen voi itää, mutta kasvaakseen kunnolla se tarvitsee vettä ja lannoitetta. Usko saa meidät tietoiseksi todellisesta luonnostamme, mutta kokeaksemme sen suoraan, meidän tulee työskennellä.

64

Meidän tulee ymmärtää oman toimintamme rajoitukset ja jumalallisen armon asema elämässämme. Pitäen kiinni uskosta tuohon voimaan, lapseni, rukoilkaa armoa.

65

Kun uskosi on täydellistä, koet joka ikisen esineen ja asian korkeamman tietoisuuden läpäisemänä. Täydellinen usko on vapautumista. Kun saavutat tämän tilan, kaikki epäilyksesi häviävät. Guru ohjaa sinua saavuttamaan tämän lopullisen tilan.

66

Mikään ei voi vahingoittaa aidosti uskovaa. Usko antaa meille mittaamattoman voiman. Kaikki elämän esteet, olivatpa ne sitten ihmisten tai luonnon luomia, sortuvat iskeytyessään lujaa ja vakaata uskoamme vasten.

67

Vilpittömälle etsijälle henkisyys ei ole mikään vähäinen osa elämää; se on yhtä paljon osa sinua kuin oma hengityksesi. Uskostasi tulee horjumaton.

68

Usko sallii satgurun jatkuvan armon virran saavuttaa sinut. Amma on enemmän kuin tämä keho. Hän on kaiken läpäisevä ja kaikkialla läsnä oleva. Luota siihen, että Amman Itse ja oma Itsesi ovat yhtä.

69

Kun olet kehittänyt uskon henkiseen mestariin, älä anna uskosi horjua. Uskosi tulisi olla järkkymätön ja jatkuva. Ainoa tapa poistaa henkiset epäpuhtaudet on täydellinen usko mestariin.

70

Mikään ei voi tuhota vilpittömien etsijöiden uskoa. Heillä on horjumaton usko mestariinsa sekä mahdollisuuteen kokea Jumala ja saavuttaa korkein tila.

71

Jos omaat määrätietoisen uskon, jonka avulla näet jokaisen tilanteen, sekä negatiivisen että positiivisen, viestinä Jumalalta, ei ulkoinen guru ole tarpeellinen. Useimmilla ihmisillä ei kuitenkaan ole niin paljon voimaa tai määrätietoisuutta.

72

Luota vakaasti siihen, ettei kukaan voi heikentää uskoasi. Jos joku yrittää rikkoa uskosi, näe se testinä Jumalalta ja jatka matkaasi vakaumuksella.

73

Kadonneen uskon elvyttäminen on kuin yrittäisi kasvattaa hiuksia kaljuun päähän. Kun uskosi on kerran menetetty, sitä on erittäin vaikeaa saada takaisin. Ennen kuin hyväksyt gurusi, tarkkaile häntä huolella.

74

Jos rukoilet Ammaa viattomuudella ja uskolla, hän auttaa sinua varmasti. Hän on aina luonasi. Jos kaadut, hän auttaa sinut ylös.

75

Pyri olemaan kuin lapsi, jolla on suunnaton määrä uskoa ja kärsivällisyyttä. Saavuttaaksemme päämäärämme, uskomme tulee olla lapsen viattomuuden innoittamaa.

76

Vanhetessa menetämme intomme ja ilomme. Meistä tulee kuivia ja onnettomia. Miksi? Koska menetämme uskomme ja viattomuutemme. Jossain sisällämme ovat piilevinä lapsen ilo, into ja usko. Löydä ne uudelleen.

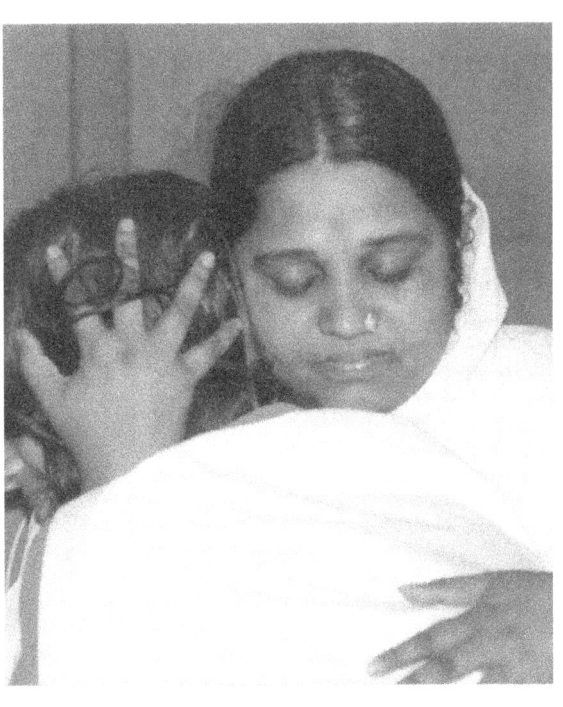

77

Leiki kuin lapsi. Herätä tuo sisälläsi oleva viattomuus uudelleen. Vietä aikaa lasten kanssa. He opettavat sinut uskomaan, nauramaan ja leikkimään. Lapset auttavat sinua hymyilemään sydämestäsi ja tuomaan ihmetyksen silmiisi. Jumalallinen rakkaus tekee sinusta viattoman kuin lapsi.

78

Lapsen uskolla ja luottamuksella mikä tahansa on mahdollista. Viattomuutesi ja puhdas sydämesi pelastavat sinut.

79

Voi olla, että sinun täytyy edetä henkisessä kehityksessä pikkuhiljaa johtuen samskaroistasi (edellisten elämien taipumukset). Se on hidas prosessi, joka vaatii uskoa ja luottamusta.

80

Sadhanasi (henkiset harjoitukset) kautta saavuttamasi henkinen energia säilyy sisälläsi. Pidä uskoasi ja intoasi yllä. Ponnistelujasi ja tekojesi hedelmiä ei voida tuhota. Älä koskaan luovu toivosta.

81

Kärsivällisyys, innokkuus ja optimismi - näiden kolmen ominaisuuden tulisi olla elämämme mantroja. Jokaisella alalla voimme huomata, että he, joilla on uskoa menestyvät. He, joilta puuttuu uskoa menettävät voimansa.

82

Henkilö, jota on siunattu uskolla korkeimpaan, pitää kiinni vakaumuksestaan kriisin ilmaantuessa. Usko antaa meille vahvan ja tasapainoisen mielen. Meidän on näin mahdollista kohdata mikä tahansa haastava tilanne.

83

Kun sinulla on aitoa uskoa Jumalaan ja harjoitat meditaatiota, mantran toistamista ja rukoilua, kehität tarpeeksi voimaa kohdataksesi minkä tahansa tilanteen horjumatta. Pystyt toimimaan tietoisesti vaikka olosuhteet olisivatkin vaikeat.

Usko Jumalaan antaa sinulle sitä henkistä voimaa, jota tarvitset kohdataksesi kaikki ongelmat elämässä. Usko Jumalan olemassaoloon suojelee sinua; se saa sinut tuntemaan olosi turvalliseksi ja suojatuksi kaikilta maailman negatiivisilta vaikutuksilta.

85

Jos yrität paeta varjoasi, tulet yksinkertaisesti romahtamaan uupumuksesta. Kohtaa sen sijaan elämän haasteet rakkauden ja uskon kautta. Muista, ettet ole tällä matkalla ikinä yksin. Jumala on aina kanssasi. Anna hänen pitää kädestäsi kiinni.

86

Aito sadhak (henkinen etsijä) luottaa enemmän tähän hetkeen kuin tulevaisuuteen. Kun laitamme uskomme tähän hetkeen, kaikki energiamme ilmentyy tässä ja nyt. Antaudu tälle hetkelle.

87

Menneisyys on haava. Jos raavit haavaa penkomalla muistoja, haava tulehtuu. Älä tee niin, tai siitä tulee isompi. Sen sijaan, anna sen parantua. Parantuminen on mahdollista ainoastaan uskon ja Jumalan rakkauden kautta.

88

Meidän tulisi kehittää uskoa itseemme eikä nojata toisiin lohdutuksen toivossa. Ainoastaan siten löydämme todellisen helpotuksen ja täyttymyksen.

89

Ihmiset ja asiat, joihin olet kiinnittynyt, jättävät sinut jonain päivänä. Joka kerta kun jotain tai joku katoaa elämästäsi, saattavat tuska ja pelko vallata sinut. Tämä jatkuu kunnes antaudut Jumalalle ja kehität uskoa todellisen Itsesi ikuiseen luonteeseen.

90

Pystyt liikkumaan ja toimimaan ainoastaan Kaikkivaltiaan armon ja voiman ansiosta. Usko vakaasti, että Jumala on ainoa aito sukulaisesi ja ystäväsi. Jos antaudut, Jumala tulee aina ohjaamaan sinua. Uskomalla tuohon Jumaluuteen et horju koskaan.

91

Kaikki ongelmasi syntyvät, koska et pysy vakaana omassa Itsessäsi. Tietoisuus on voiman ikuinen lähde. Tämän oman pienen maailmamme tulisi kehittyä kunnes siitä tulee koko maailmankaikkeus. Sen kasvaessa voimme nähdä kuinka ongelmamme liukenevat hitaasti pois.

92

Vahvin suhteemme tulisi olla Jumalan kanssa. Kerro hänelle kaikki huolesi ja tämä tuo sinut lähemmäksi Häntä. Hän ei voi istua hiljaa ja välinpitämättömänä kun häntä kutsutaan viattomalla sydämellä. Usko ja antautuminen poistavat kaikki murheet.

93

Jokainen meistä kantaa mukanaan menneiden kokemusten tuomaa surun ja tuskan taakkaa. Hoitokeinona on kehittää rakkautta, myötätuntoa ja kunnioitusta. Tämä parantaa kaikki haavat.

94

Myötätunto on sen uskon ja tietoisuuden jatke, että jumaluus on kaiken läpäisevä. Heiltä, joilta puuttuu myötätuntoa ja jotka eivät ole huolissaan toisten hyvinvoinnista, puuttuu myös uskoa.

95

Vastaanottavaisuus on kykyä luottaa, uskoa ja hyväksyä rakkautta. Se on voima, jolla estät epäilyksen pääsyn mieleesi.

96

Kuten mikä tahansa muukin päätös, onnellisuus on myös päätös. Tee vakaa päätös, 'Mitä tahansa tapahtuukin, olen onnellinen. Tietäen, että Jumala on kanssani, olen rohkea.' Itseluottamusta menettämättä, kulje eteenpäin.

97

Lapseni, älä koskaan menetä rohkeutta. Älä ikinä menetä luottamustasi Jumalaan tai elämään. Pysy aina optimistisena huolimatta tilanteesta, josta löydät itsesi. Uskon ja rohkeuden avulla voi saada aikaan mitä tahansa.

98

Kuten mesi tuoreessa aamun kukassa, anna hyvyyden täyttää itsesi. Kun avaudut, huomaat että aurinko on aina paistanut ja tuuli on aina puhaltanut, kantaen Jumaluuden suloista tuoksua. Siihen ei ole mitään ehtoja tai pakkokeinoja. Salli sydämesi oven vain avautua; se ei ollut ikinä lukittuna.

99

Nuoruudessa saatu koulutus ja kuri tekevät vahvan vaikutuksen mieleen ja ovat tärkeässä roolissa luonteen rakentuessa. Vanhempien ei tulisi ainoastaan ruokkia lapsiaan ja toteuttaa heidän toiveitaan. Heidän tulisi myös pitää lapsensa kurissa, iskostaen heihin uskoa ja tervettä sivistystä.

100

Jos sinulla on aitoa uskoa Jumalaan, et voi vahingoittaa luontoa. Tämä johtuu siitä, että aito usko näyttää meille luonnon olevan jumalallinen ja ettei se ole erillään omasta Itsestämme.

101

Kulje luottavaisesti eteenpäin. Ehdottoman uskon omaava ei ikinä suistu polulta.

102

Henkilö, jota on siunattu oikealla uskolla on vakaa. Aidon uskonnon omaava ihminen voi löytää rauhan. Tämän rauhan lähde on sydän, ei pää. Usko, joka hankitaan kertomalla, kuulemalla tai lukemalla ei kestä kauan, kun taas usko, joka saavutetaan kokemuksen kautta kestää ikuisesti.

103

Siellä missä on rakkautta, ei ole ponnistelua. Jätä kaikki menneiden katuminen sikseen ja rentoudu. Rentoutuminen auttaa sinua saamaan lisää sisua ja elinvoimaa. Rentoutuminen on tekniikka, jonka kautta voit nähdä vilahduksen oikeasta luonteestasi, olemassaolosi ikuisesta lähteestä. Se on mielen hiljentämisen taito. Kun opit tämän taidon, kaikki tapahtuu spontaanisti ja ilman ponnistelua.

104

Kaikki teot kantavat hedelmää. Tulevaisuus on tämä hedelmä, mutta älä huolehdi tulevaisuudesta. Odota kärsivällisesti, ollen tässä hetkessä ja suorittaen toimesi keskittyen ja rakkaudella. Kun pystyt elämään jokaisessa teon hetkessä, hyvien tulosten on tultava. Jos teot suoritetaan vilpittömästi ja täysin sydämin, niiden täytyy kantaa hyvää hedelmää. Sen sijaan huolehtiessasi tuloksesta, et ainoastaan epäonnistu tarvittavassa ponnistelussa. Et myöskään tule saamaan aikaiseksi odotettua tulosta.

105

Kun näet elämän ja kaiken mitä elämä tuo mukanaan arvokkaana lahjana, voit sanoa 'Kyllä' kaikelle. 'Kyllä' on hyväksymistä. Siellä missä on hyväksyntää, elämän joki kantaa sinua aina. Rakkaus yksinkertaisesti vain virtaa. Hän, joka on valmis hyppäämään ja sukeltamaan tuohon virtaan, hyväksytään sellaisena kuin hän on.

106

Uskokaa, lapseni. Ei ole mitään syytä pelätä. Tiedä, että Amma on aina kanssasi.

107

Vahva määrätietoisuus ja vankkumaton usko ovat ne kaksi tekijää, joita tarvitaan kaikkeen menestykseen. Usko täysin Kaikkivaltiaaseen. Usko voi saada ihmeitä aikaan.

108

Sytytä rakkauden ja uskon lamppu sisälläsi ja kulje eteenpäin. Kun otat jokaisen askeleen ajatellen hyviä ajatuksia ja hymyssä suin, kaikki hyvä tulee luoksesi ja täyttää olemuksesi. Silloin Jumala ei voi mitenkään pysytellä poissa luotasi. Silloin jumalallisuus syleilee sinua.

www.ingramcontent.com/pod-product-compliance
Lightning Source LLC
Chambersburg PA
CBHW061955070426
42450CB00011BA/3047